기억력을 높이는 기억력놀이

지은이 : 전도근 · 유순덕

예감출판사

머 리 말

기억력은 이전의 인상이나 경험을 의식 속에 간직해 두는 능력을 말한다. 기억력은 우리가 세상을 살아가는 데 필수적인 능력이다. 만약 우리에게 기억력이 없다면 매일 만나는 사람들도 몰라볼 뿐만 아니라, 아무리 좋은 정보를 들어도 기억에 남는 것이 하나도 없게 된다. 본 것을 모두 잊어버린다면 사회생활을 할 수 없게 될 뿐만 아니라 사회는 혼란에 빠지게 되기 때문에 기억력은 매우 중요하다.

기억은 감각기관을 통해서 정보를 입수하고 저장한 후, 필요할 때 불러내는 일련의 과정을 말한다. 따라서 지장되었지만 필요할 때 불러올 수 없는 것은 기억력이 없다고 할 수 있다. 기억이 이루어지는 곳은 인간의 뇌 중에서 해마라는 부분으로, 이곳의 신경세포가 자극을 받게 되면 기억으로 뇌에 각인된다.

기억력은 성장기별로 어릴 때는 무조건적으로 외우는 기계적 기억이 발달하지만, 나이가 들수록 이해하고 외우려는 논리적 기억이 우세해진다. 따라서 어릴수록 기억은 단순 암기에 의존하지만, 나이를 먹을수록 단순 암기보다는 논리적으로 기억하게 된다.

이 책은 이 책은 기계적 기억과 논리적 기억을 동시에 훈련할 수 있는 놀이로, 놀면서 자연스럽게 기억력이 증진하도록 되어 있다. 부디 이 책을 통해서 기억력이 향상되거나, 기억력을 예전처럼 유지할 수 있기를 기대해 본다.

지은이 일동

목 차

I

이름 기억하기

물건을 보고 기억한 후, 책을 덮은 후 무엇을 보았는지 말해 보세요.

1 무엇일까요?

무엇인지 이름을 적거나 말하고, 무엇이 있는지 기억해 보세요.

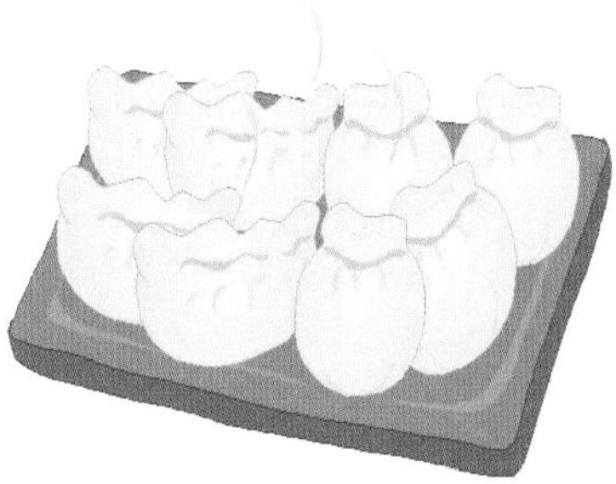

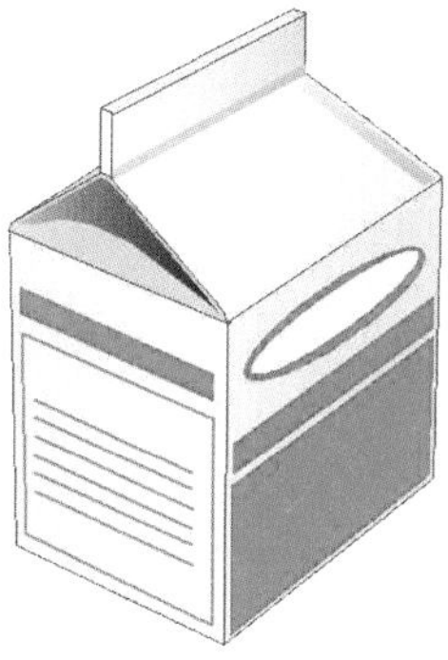

그림을 가리고 무엇이 있었는지 기억을 떠 올려보세요.

2 무엇일까요?

무엇인지 이름을 적거나 말하고, 무엇이 있는지 기억해 보세요.

그림을 가리고 무엇이 있었는지 기억을 떠 올려보세요.

3 무엇일까요?

무엇인지 이름을 적거나 말하고, 무엇이 있는지 기억해 보세요.

그림을 가리고 무엇이 있었는지 기억을 떠 올려보세요.

4 무엇일까요?

무엇인지 이름을 적거나 말하고, 무엇이 있는지 기억해 보세요.

그림을 가리고 무엇이 있었는지 기억을 떠 올려보세요.

5 무엇일까요?

무엇인지 이름을 적거나 말하고, 무엇이 있는지 기억해 보세요.

그림을 가리고 무엇이 있었는지 기억을 떠 올려보세요.

6 무엇일까요?

❀ 무엇인지 이름을 적거나 말하고, 무엇이 있는지 기억해 보세요.

그림을 가리고 무엇이 있었는지 기억을 떠 올려보세요.

7 무엇일까요?

무엇인지 이름을 적거나 말하고, 무엇이 있는지 기억해 보세요.

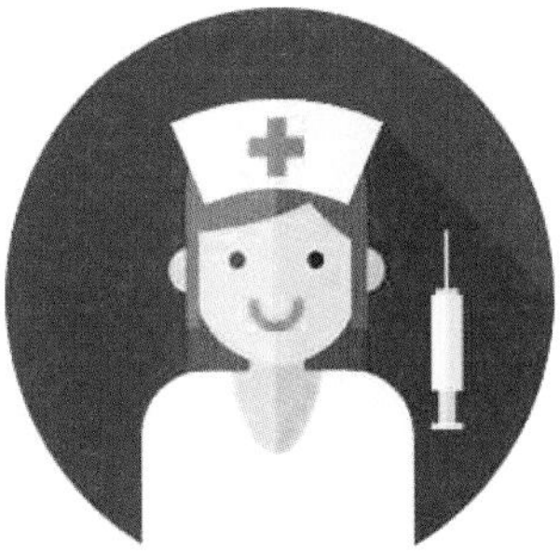

그림을 가리고 무엇이 있었는지 기억을 떠 올려보세요.

8 무엇일까요?

무엇인지 이름을 적거나 말하고, 무엇이 있는지 기억해 보세요.

그림을 가리고 무엇이 있었는지 기억을 떠 올려보세요.

9 무엇일까요?

무엇인지 이름을 적거나 말하고, 무엇이 있는지 기억해 보세요.

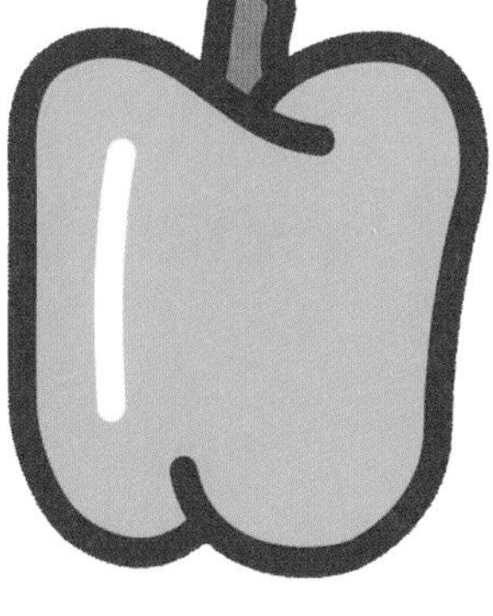

그림을 가리고 무엇이 있었는지 기억을 떠 올려보세요.

10 무엇일까요?

무엇인지 이름을 적거나 말하고, 무엇이 있는지 기억해 보세요.

그림을 가리고 무엇이 있었는지 기억을 떠 올려보세요.

11 무엇일까요?

무엇인지 이름을 적거나 말하고, 무엇이 있는지 기억해 보세요.

그림을 가리고 무엇이 있었는지 기억을 떠 올려보세요.

12 무엇일까요?

무엇인지 이름을 적거나 말하고, 무엇이 있는지 기억해 보세요.

그림을 가리고 무엇이 있었는지 기억을 떠 올려보세요.

13 무엇일까요?

무엇인지 이름을 적거나 말하고, 무엇이 있는지 기억해 보세요.

그림을 가리고 무엇이 있었는지 기억을 떠 올려보세요.

14 **무엇일까요?**

무엇인지 이름을 적거나 말하고, 무엇이 있는지 기억해 보세요.

그림을 가리고 무엇이 있었는지 기억을 떠 올려보세요.

15 무엇일까요?

무엇인지 이름을 적거나 말하고, 무엇이 있는지 기억해 보세요.

그림을 가리고 무엇이 있었는지 기억을 떠 올려보세요.

Ⅱ

같은 모양 찾기

앞 장에 있는 그림을 보고 기억한 후, 다음 장에 있는 여러 가지 그림 중에서 같은 그림을 찾아보세요.

1 아래 그림을 기억해보세요

앞 장에서 본 그림과 같은 것을 찾아보세요.

2 아래 그림을 기억해보세요

앞 장에서 본 그림과 같은 것을 찾아보세요.

3 아래 그림을 기억해보세요

앞 장에서 본 그림과 같은 것을 찾아보세요.

4 아래 그림을 기억해보세요

앞 장에서 본 그림과 같은 것을 찾아보세요.

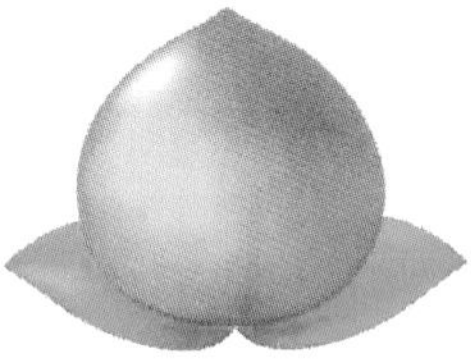

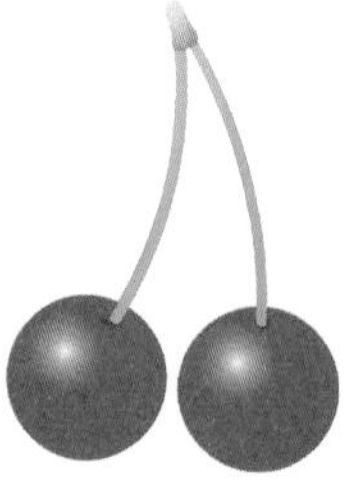

5 아래 그림을 기억해보세요

앞 장에서 본 그림과 같은 것을 찾아보세요.

6 아래 그림을 기억해보세요

앞 장에서 본 그림과 같은 것을 찾아보세요.

7 아래 그림을 기억해보세요

앞 장에서 본 그림과 같은 것을 찾아보세요.

8 아래 그림을 기억해보세요

앞 장에서 본 그림과 같은 것을 찾아보세요.

9 아래 그림을 기억해보세요

앞 장에서 본 그림과 같은 것을 찾아보세요.

10 아래 그림을 기억해보세요

앞 장에서 본 그림과 같은 것을 찾아보세요.

11 아래 그림을 기억해보세요

앞 장에서 본 그림과 같은 것을 찾아보세요.

12 아래 그림을 기억해보세요

앞 장에서 본 그림과 같은 것을 찾아보세요.

13 아래 그림을 기억해보세요

앞 장에서 본 그림과 같은 것을 찾아보세요.

14 아래 그림을 기억해보세요

앞 장에서 본 그림과 같은 것을 찾아보세요.

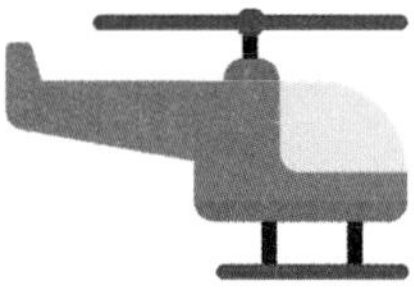

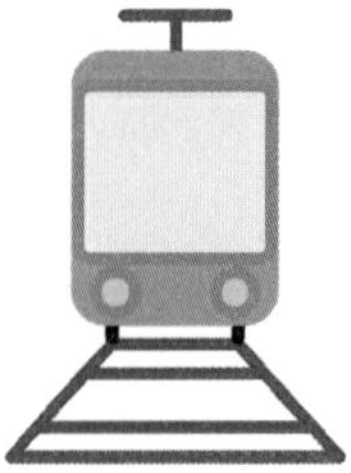

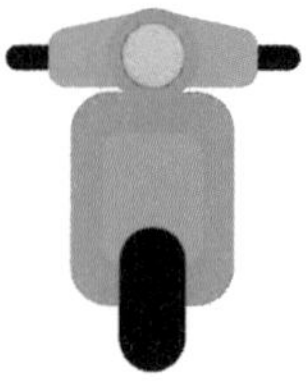

15 아래 그림을 기억해보세요

앞 장에서 본 그림과 같은 것을 찾아보세요.

Ⅲ

같은 모양 2개 찾기

앞 장에 있는 2개의 그림을 보고 기억한 후, 다음 장에 있는 여러 가지 그림 중에서 같은 그림을 찾아보세요.

1 아래 그림을 기억해보세요

앞 장에서 본 그림과 같은 것들을 찾아보세요.

2 아래 그림을 기억해보세요

앞 장에서 본 그림과 같은 것들을 찾아보세요.

3 아래 그림을 기억해보세요

앞 장에서 본 그림과 같은 것들을 찾아보세요.

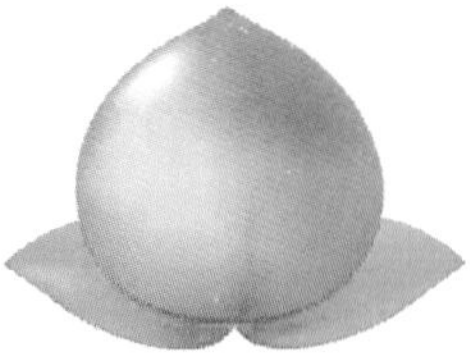

4 아래 그림을 기억해보세요

앞 장에서 본 그림과 같은 것들을 찾아보세요.

5 아래 그림을 기억해보세요

앞 장에서 본 그림과 같은 것들을 찾아보세요.

6 아래 그림을 기억해보세요

앞 장에서 본 그림과 같은 것들을 찾아보세요.

7 아래 그림을 기억해보세요

앞 장에서 본 그림과 같은 것들을 찾아보세요.

8 아래 그림을 기억해보세요

앞 장에서 본 그림과 같은 것들을 찾아보세요.

9 아래 그림을 기억해보세요

앞 장에서 본 그림과 같은 것들을 찾아보세요.

10 아래 그림을 기억해보세요

앞 장에서 본 그림과 같은 것들을 찾아보세요.

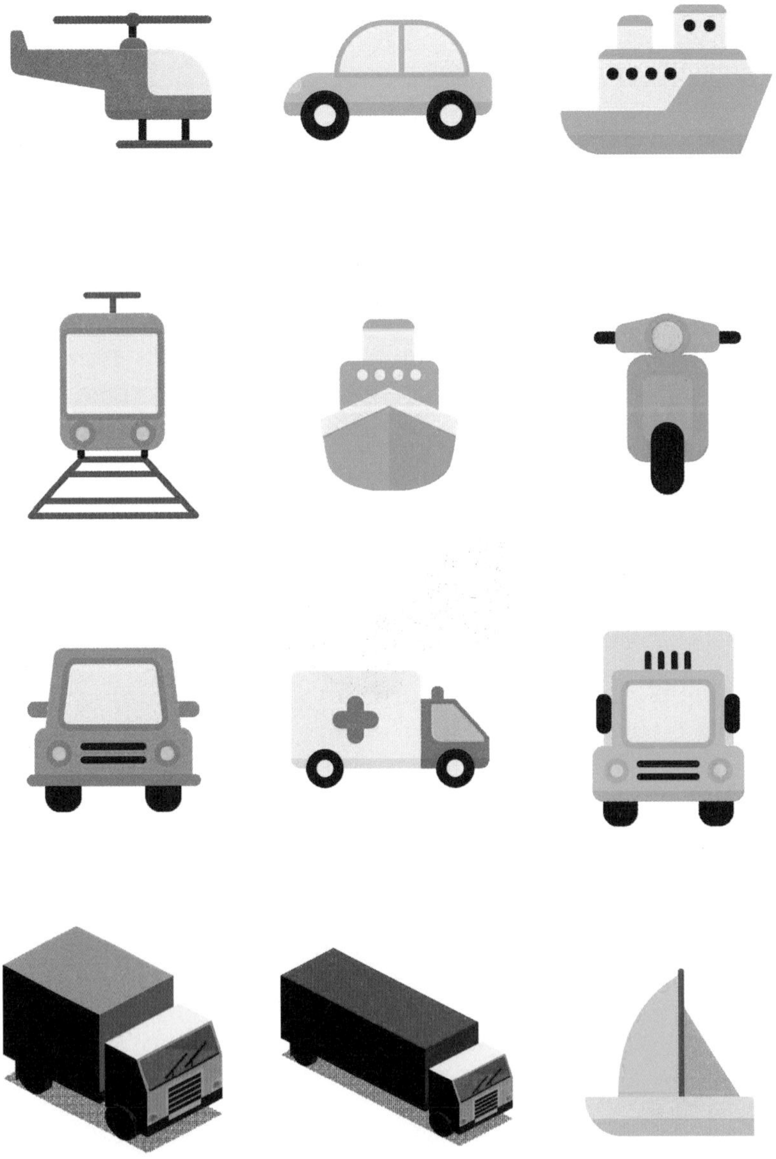

11 아래 그림을 기억해보세요

앞 장에서 본 그림과 같은 것들을 찾아보세요.

12 아래 그림을 기억해보세요

앞 장에서 본 그림과 같은 것들을 찾아보세요.

13 아래 그림을 기억해보세요

앞 장에서 본 그림과 같은 것들을 찾아보세요.

14 아래 그림을 기억해보세요

앞 장에서 본 그림과 같은 것들을 찾아보세요.

15 아래 그림을 기억해보세요

앞 장에서 본 그림과 같은 것들을 찾아보세요.

Ⅳ

앞 뒤 차이 찾기

앞 장에 있는 그림을 보고 기억 한 후, 뒷 장에 나오는 그림과 차이를 말해보세요.

1 아래 그림을 기억해보세요

앞 장에서 본 그림과 어떤 차이가 있나요?

2 아래 그림을 기억해보세요

앞 장에서 본 그림과 어떤 차이가 있나요?

3 아래 그림을 기억해보세요

앞 장에서 본 그림과 어떤 차이가 있나요?

4 아래 그림을 기억해보세요

✻ 앞 장에서 본 그림과 어떤 차이가 있나요?

5 아래 그림을 기억해보세요

✤ 앞 장에서 본 그림과 어떤 차이가 있나요?

6 아래 그림을 기억해보세요

✤ 앞 장에서 본 그림과 어떤 차이가 있나요?

7 아래 그림을 기억해보세요

✱ 앞 장에서 본 그림과 어떤 차이가 있나요?

8 아래 그림을 기억해보세요

✤ 앞 장에서 본 그림과 어떤 차이가 있나요?

9 아래 그림을 기억해보세요

앞 장에서 본 그림과 어떤 차이가 있나요?

10 아래 그림을 기억해보세요

앞 장에서 본 그림과 어떤 차이가 있나요?

11 아래 그림을 기억해보세요

✤ 앞 장에서 본 그림과 어떤 차이가 있나요?

12 아래 그림을 기억해보세요

✤ 앞 장에서 본 그림과 어떤 차이가 있나요?

13 아래 그림을 기억해보세요

앞 장에서 본 그림과 어떤 차이가 있나요?

14 아래 그림을 기억해보세요

앞 장에서 본 그림과 어떤 차이가 있나요?

15 아래 그림을 기억해보세요

앞 장에서 본 그림과 어떤 차이가 있나요?

V

그림 기억하기

앞 장에 있는 그림을 보고 특징을 기억한 후, 다음 장에 나와 있는 질문에 답해 보세요.

1 아래 그림을 기억해보세요

✤ 앞 장에서 보았던 반찬은 무엇이 있었나요?

2 아래 그림을 기억해보세요

✤ 앞 장에서 보았던 사물은 무엇이 있었나요?

3 아래 그림을 기억해보세요

앞 장에서 보았던 과일과 야채는 무엇이 있었나요?

4 아래 그림을 기억해보세요

앞 장에서 보았던 야채는 무엇이 있었나요?

5 아래 그림을 기억해보세요

✿ 앞 장에서 보았던 그림의 특징은 무엇인가요?

전도근

공주대학교 사범대학 일반사회교육과를 졸업하고, 경희대학교 교육대학원에서 교육공학을 공부하였으며, 홍익대학교 대학원에서 평생교육정책으로 박사학위를 받았다. 고등학교에서 16년간 학생들을 지도하였고, 경기도 교육청 교육정보연구원에서 2년간 연구원으로 경기지역평생교육정보센터를 운영하였으며, 강남대학교 교양학부에서 5년간 교수로 재직하였다. 교육부 학생인권헌장 재정위원, 교육부 평생교육 정책지원단장, 평생학습도시 심사위원으로 활동하였다. 전국의 각대학교, 지방자치단체, 교육청, 평생교육원, 국가전문행정연수원 및 각종 기업체 연수원 등 에서 3,000여 회 이상 특강을 하였다. 지금까지 교육, 컴퓨터, 요리, 자동차, 서비스 등과 관련된 50여 개의 자격증을 취득하였으며, 치매예방의 이론과 실제, 치매예방 활동지, 공부의 달인을 만드는 자기주도 학습전략, 명강의교수전략, 진로상담과 진로교육, 주의집중력, 자존감 카드 등 220여 권을 집필하였다.

유순덕

세종대학교 대학원에서 경영학MBA 석사과정을 마치고, 예명대학원대학교에서 사회복지학 박사학위를 받았다. 건국대학교와 성심여자대학교에서 강의를 하였으며, 칼빈대학교 대학원 겸임교수로서는 노인복지학을 강의하였고, 인덕대학교에서는 창업학 개론을 강의하고 있다. YU복지교육원을 설립하여, 치매예방과 자존감 코칭, 노후설계, 노인교육, 전통체육, 각종 심리 검사에 대한 프로그램을 개발하여 보급하고 있다. 또한 한국치매예방강사협회를 만들어 치매파트너를 양성하여 파견하고 있으며, 전국적으로 치매예방 교육과 교구들을 개발과 보급하고 있으며, 각종 노인관련 기관과 업무제휴를 맺어 가고 있다. 저서로서는 「치매를 알아야 예방할 수 있다」, 「치매예방을 위한 인지능력 향상활동지」, 「치매예방을 위한 인지능력향상 뇌건강 학습지」, 「치매예방 프로그램 지침서」, 「태극투호의 이론과 실제」 등 40권을 집필하였다. 그리고 심리검사지는 한국형 치매선별 검사, 한국형 계산력 검사, 한국형 기억력 검사, 한국형 시공간력 검사, 한국형 우울증 검사, 한국형 지각력 검사, 한국형 지남력 검사, 한국형 집중력 검사, 한국형 판단력 검사 등을 개발하였다.

기억력을 높이는 **기억력놀이**

초판1쇄 - 2018년 10월 30일
*
지은이 - 전도근·유순덕
발행인 - 이 규 종
펴낸 곳-예감출판사
등록-제2015-000130호
주소-경기도 고양시 일산동구 공릉천로 175번길 93-86
전화-031)962-8008
팩시밀리-031)962-8889
홈페이지-www.elman.kr
전자우편-elman1985@hanmail.net
*

*
ISBN 979-11-89083-43-4(13370)
값 12,000 원